A.J. LETRONNE,

Membre de l'Institut, Académie des Inscriptions et Belles-Lettres.

NOTICES

SUR

J.-A. LETRONNE

MEMBRE DE L'INSTITUT

ET

DISCOURS PRONONCÉS A SES FUNÉRAILLES

LE SAMEDI 16 DÉCEMBRE 1848

A LA MÉMOIRE DE M. LETRONNE

HOMMAGE DE L'ÉDITEUR DE LA *REVUE ARCHÉOLOGIQUE*

PARIS

A. LELEUX, LIBRAIRE

ÉDITEUR DE LA REVUE ARCHÉOLOGIQUE

RUE PIERRE-SARRAZIN, 9

1849

Le 15 décembre, le jour où paraissait le numéro de la *Revue Archéologique*, la rédaction de ce recueil faisait la perte la plus cruelle, la plus inattendue. La mort prématurée de M. Letronne laisse, à notre tête, un vide irréparable. Son talent si jeune encore, l'ardeur avec laquelle il prenait part à toutes les discussions qui font progresser la connaissance de l'antiquité, nous promettaient une longue série de travaux; et nous sommes tout à coup déçus dans cette espérance. Non-seulement la lecture des mémoires de M. Letronne offrait un enseignement direct, que l'on trouvait dans ses moindres notices, mais sa méthode si sûre, si saine, attirait les esprits vers la recherche de la vérité; mais sa haute autorité tenait l'erreur à distance, réprimait, pour ainsi dire, à l'avance les fausses doctrines et leurs pernicieux résultats. Car ce que M. Letronne estimait le plus chez les autres, et qu'il possédait à un degré si éminent, c'était la rectitude du jugement; cette qualité qui est, ainsi qu'il le disait lui-même, si rare quoique on la nomme le sens commun. Tous ses écrits en portent la vive empreinte, et sous ce rapport l'érudition française peut proposer comme des modèles achevés à l'Europe savante : le *Mémoire sur la statue de Memnon*, les *Observations sur l'étude des noms propres grecs*. Ces beaux travaux sont connus de tout le monde; mais telle était l'heureuse fécondité de M. Letronne que sa collaboration dans chacun des recueils où il écrivait suffit pour lui assurer l'admiration du lecteur. Qu'un antiquaire, éloigné de tout grand centre d'études, n'ayant entre les mains ni les *Mémoires de l'Académie des Inscriptions*, ni le *Journal des Savants*, ni les *Annales de l'Institut archéologique*, ces importantes collections où M. Letronne a inséré tant et de si excellentes productions, que cet antiquaire ait lu la *Revue Archéologique*, et il aura, à coup sûr, conçu de l'illustre savant dont nous déplorons la perte , l'opinion la plus haute. Quarante articles ou notices sur les sujets les plus variés auraient établi la réputation d'un critique , et ce n'était cependant qu'une parcelle prélevée sur les trésors scientifiques que son génie enfantait continuellement. Avons-nous besoin de rappeler le *Mémoire sur le tombeau de saint Eutrope,* où le respect des antiques croyances se fortifie au contact d'une lucide et rigoureuse appréciation des faits matériels ; la *Notice sur l'aqueduc de Beirouth,* travail d'intuition qui ferait monter l'archéologie au rang des sciences exactes , si l'imagination logique pouvait s'enseigner. Cette fermeté d'esprit, cet amour de la vérité *prouvée* qui distinguent ses écrits, M. Letronne les montrait dans toutes ses actions ; partout où il a été administrateur : à la Bibliothèque, au Collége de France, aux Archives, à l'École des Chartes , il a laissé une heureuse marque de son passage. Toutes ces institutions lui doivent de grandes améliorations, quelques-unes une régénération complète. Son attention s'appliquait aux plus petits détails ; il aimait les choses dans ce qu'elles pouvaient avoir d'utile aux hommes.

Parmi les grandes et rares qualités que possédait M. Letronne, il ne faut pas oublier de mentionner la bienveillance avec laquelle il accueillait les jeunes gens. Quelque inconnu que l'on fût, on pouvait en toute assurance, lorsqu'on avait un penchant véritable pour l'érudition , faire appel à sa sollicitude, elle n'était jamais en défaut. On pouvait redouter en l'abordant sa critique sévère, on était bientôt étonné, charmé de son indulgente franchise. Les biographes analyseront avec précision les services que M. Letronne a rendus à la science, raconteront avec soin sa vie si remplie, si activement employée. Nous ne voulons ici qu'exprimer la douleur profonde que sa mort nous fait éprouver, nous réservant d'honorer sa mémoire en conservant précieusement sa doctrine, en appliquant les préceptes excellents que nous devons à sa constante bonté.

ADRIEN DE LONGPÉRIER.

NOTICE

SUR

LA VIE ET LES OUVRAGES DE M. LETRONNE.

En présentant aux lecteurs de la *Revue* la biographie de l'illustre collaborateur dont elle déplore la perte récente, nous ne nous acquittons pas seulement d'un pieux devoir envers l'homme auquel ce Recueil est en grande partie redevable de l'accueil bienveillant qu'il a trouvé dans le public, nous travaillons encore à l'avancement des études archéologiques. La vie de M. Letronne nous semble, en effet, devoir être pour l'antiquaire et le critique, une matière d'instruction, un sujet d'enseignement non moins fécond que les dissertations parmi lesquelles nous la plaçons; elle montrera ce que peut la sévérité de la méthode et la solidité du jugement jointes à un savoir étendu, à un esprit ingénieux et sagace. M. Letronne a possédé à un haut degré toutes les qualités qui constituent le vrai savant, et il a laissé de cette science d'innombrables monuments destinés à rester comme autant de modèles proposés à l'imitation de ceux qui voudront suivre la carrière qu'il a parcourue avec un si prodigieux succès. Jeter un coup d'œil sur l'ensemble de ses écrits et chercher à saisir par quels moyens, par quelle heureuse réunion de facultés, il a pu suffire à une tâche si laborieuse et si difficile, c'est ce que nous allons tenter, convaincu que les hommes studieux trouveront à puiser dans cette notice des enseignements utiles et de salutaires exemples.

Jean-Antoine Letronne est né à Paris le 25 janvier 1787, d'une famille obscure, qui n'avait pu apporter à son instruction première qu'une faible attention et dans laquelle il ne rencontrait ni aide ni appui. Le jeune Letronne dut se faire lui-même une carrière et suppléer, par son zèle et son travail, au défaut de ressources qui était la conséquence de la médiocrité de sa naissance. L'adversité est l'école des grandes âmes, elle est aussi celle des vrais savants. Celui qui a su lutter contre les privations et sacrifier au désir de s'instruire, à celui de conquérir un rang parmi les hommes distingués, l'âge où tout nous entraîne vers les plaisirs et la dissipation, celui-là a acquis une énergie, une puissance de volonté qui font déjà une partie de sa supériorité.

M. Letronne fut élevé à cette rude école de la pauvreté, et son esprit en reçut la forte trempe qui l'a placé parmi les intelligences les plus brillantes de notre époque. Obligé de partager ses journées entre ses études et des occupations destinées à lui assurer le strict nécessaire, il contracta de bonne heure cette activité étonnante qui ne l'abandonna qu'avec la vie. Incertain d'abord sur la direction qu'il prendrait, il étudia tour à tour les mathématiques et la peinture. Puis il suivit les cours de l'École normale et s'attacha particulièrement aux leçons de Mentelle, géographe médiocre dont il fut promptement en état d'être le maître.

Quelques travaux que Mentelle lui procura, permirent à M. Letronne de pouvoir se livrer à des études vers lesquelles l'entraînait déjà un irrésistible attrait, et entre lesquelles la langue grecque et la géographie occupaient la première place. Tandis qu'il suivait le cours de Gail au collége de France, il recueillait des matériaux nombreux pour des ouvrages de géographie à quelques-uns desquels il attacha son nom. De 1810 à 1812, il accompagna un étranger dans ses voyages et visita la France, l'Italie, la Suisse et la Hollande. A son retour à Paris, M. Letronne reprit toutes ses études sur un nouveau plan, afin d'approfondir ce qu'il n'avait encore appris que superficiellement, et lorsque, doté d'une instruction plus forte, il se crut en état d'entrer dans la carrière de l'érudition, ce fut à la géographie ancienne qu'il consacra ses premières recherches. Un *Essai critique sur la topographie de Syracuse au commencement du cinquième siècle*, fut son début. Dans cet opuscule, l'illustre archéologue annonçait déjà quelques-unes des qualités qu'il devait déployer plus tard à un si haut degré. On y remarque une grande netteté d'exposition, une intelligence précise du sujet qu'il traite, un exposé méthodique quoique simple de la question qu'il entreprend de résoudre. Cet essai, à raison de son objet spécial et borné, ne comportait encore qu'une érudition peu étendue. Une année suffit à son auteur pour composer et faire paraître une autre œuvre plus sérieuse : Les *Recherches géographiques et critiques sur le livre De Mensura orbis, de Dicuil*. Là, toute trace de l'écolier avait disparu. L'auteur, qui n'était pourtant âgé que de vingt-sept ans, faisait preuve d'un profond savoir géographique, et dans l'habileté avec laquelle il discutait le texte, le corrigeait, le développait, l'expliquait, il faisait deviner le critique pour lequel les problèmes les plus ardus de l'érudition devaient bientôt n'être qu'un jeu.

Ces remarquables débuts auxquels nous devons ajouter un article sur la traduction de Pausanias par M. Clavier, inséré dans le *Mercure de France* pour 1814, avaient révélé le géographe et l'helléniste. Ces mérites rarement unis le désignèrent à l'Institut pour achever la traduction française de Strabon, que Laporte du Theil laissait imparfaite, et à laquelle n'était nullement propre le genre d'érudition de ce dernier. Cette traduction d'un des plus beaux ouvrages que l'antiquité grecque nous ait légués, fut l'école à laquelle notre illustre collaborateur acheva de s'initier aux difficultés de la grammaire et de la philologie helléniques. Toutes les quesions de langue, d'histoire, de métrologie qu'il eut à approfondir et à résoudre, lui donnèrent une vue complète du génie, de la société, des arts, de la culture intellectuelle du monde ancien. Et c'est à cette vue d'ensemble, fécondée par un travail subséquent de vingt années, qu'il dut ce jugement si sûr dans toutes les questions que soulevait l'archéologie.

Un prix remporté à l'Académie des Inscriptions et Belles-Lettres sur l'histoire du système métrique des Égyptiens, allait lui ouvrir les portes de l'Institut. Le choix du roi prévint celui des membres de la savante compagnie et le désigna pour remplir une des places rendues vacantes par l'ordonnance de M. de Vaublanc. M. Letronne fut admis le 21 mars 1816 ; il n'avait pas encore trente ans. Cette récompense précoce des brillants essais de l'illustre érudit ne fut regardée par lui que comme un encouragement à des œuvres plus sérieuses et plus difficiles. L'étude qu'il avait faite, encore très-jeune, des mathématiques, lui rendait familières les questions où le calcul emprunte aux textes anciens les données sur lesquelles il opère. Son Mémoire couronné à l'Institut l'avait mis à même d'approfondir la métrologie grecque et romaine. Ces recherches le conduisirent à s'occuper du système monétaire des anciens. Le résultat de ces nouvelles investigations fut son ouvrage intitulé : *Considérations générales sur l'évaluation des monnaies grecques et romaines, et sur la valeur de l'or et de l'argent avant la découverte de l'Amérique.* M. Letronne venait d'entrer par là dans la voie de la controverse scientifique, dans laquelle il devait bientôt dépasser ses contemporains. Son livre, spécialement dirigé contre les idées qu'avait accréditées les travaux de

Garnier, en faisait ressortir la faiblesse et l'incertitude. Rien ne répugnait plus à l'esprit de M. Letronne que ces résultats incertains dont un appareil de science et d'érudition dérobe le vague et l'hypothétique. Son besoin extrême de précision, de rigueur, poursuivait de sa critique et de son doute méthodique les conséquences hasardées qui sèment d'erreurs le champ de la science et en font trop souvent le pays des chimères. Uniquement préoccupé de la vérité, il était impitoyable pour ce qui ne s'offrait point à son œil pénétrant avec le cachet de la certitude. Le caractère décidé de son génie s'annonçait nettement dans sa polémique contre M. Garnier. Ce fut comme son entrée dans ce qu'on pourrait appeler la carrière militante de la science, carrière qui convenait autant à la hardiesse de son esprit qu'à la vigueur de son intelligence.

L'étude des monuments anciens à laquelle l'obligeaient les nouvelles recherches qu'il venait de poursuivre, le rapprochait chaque jour davantage de l'archéologie; c'est vers elle, vers une de ses branches surtout, l'épigraphie, qu'il se tourna désormais. Il n'abandonna pas toutefois la culture de la géographie ancienne, sur laquelle il fit paraître de temps en temps, dans les *Annales des voyages*, des mémoires où brillaient, comme toujours, sa sagacité et son habileté à manier la méthode inductive. L'Égypte, explorée par nos armées et nos savants, apportait à la France une ample moisson de textes nouveaux inscrits sur les innombrables monuments dont la domination des Ptolémées et des empereurs romains a jonché les bords du Nil. M. Letronne se livra avec ardeur à leur étude, appelant tour à tour à son aide le témoignage de l'histoire et les principes de la philologie; il éclairait l'une par l'autre et apprenait aux érudits futurs comment tout s'enchaîne, tout se lie, et quelles clartés inattendues on peut faire jaillir du concours de faits qui fussent demeurés obscurs dans leur isolement. Ne pourrait-on pas dire, pour emprunter à une des plus belles découvertes de l'optique une comparaison qui rendît sensible la méthode dont notre collaborateur jetait les fondements, qu'il créait comme des interférences dans l'érudition? Mais ici ce n'était plus l'obscurité qui résultait du concours de deux ondes lumineuses, c'était la lumière qui naissait du rapprochement de deux points ténébreux.

Ces beaux travaux furent consignés dans les *Recherches pour servir à l'histoire d'Égypte pendant la domination des Grecs et des Romains*. Peu d'ouvrages présentent un aussi grand nombre de données vraiment neuves, d'éclaircissements réellement nouveaux, réunis sur un même sujet. L'expédition de Bonaparte avait enrichi l'histoire d'Égypte de précieux documents, de renseignements importants; eh bien ! nous ne craignons pas de le dire, dans cette immense description de l'Égypte , où des hommes des savoirs les plus divers et des talents les plus éminents avaient concentré leurs efforts, l'égyptologue ne trouvera pas plus pour la connaissance de l'Égypte ptolémaïque et romaine , que dans ce livre modestement intitulé *Recherches*, dû à la plume d'un homme qui n'avait point visité les bords du Nil , qui avait travaillé seul, et qui empruntait tous ses matériaux à l'étude des textes et des inscriptions.

Cette même terre d'Égypte allait fournir à M. Letronne l'occasion de signaler sa sagacité par une de ces vues en quelque sorte divinatrices que le génie conçoit sur un problème dont les éléments semblent encore incomplets aux intelligences ordinaires, parce qu'elles ne peuvent saisir l'étroit enchaînement qui les lie. Ces découvertes inattendues provoquent d'abord l'incrédulité, elles étonnent par leur nouveauté, et froissent les idées qui s'étaient habituées à l'existence des faits qu'elles renversent. Mais d'autres découvertes ne tardent pas à apporter une éclatante confirmation à ce qui ne paraissait qu'une ingénieuse hypothèse, et les préjugés scientifiques finissent par céder à l'évidence des témoignages. Les zodiaques trouvés en Égypte avaient donné naissance aux systèmes les plus spécieux et les plus attrayants sur la haute antiquité de l'astronomie égyptienne. Un érudit célèbre dont la théorie avait trouvé un accueil favorable , grâce aux opinions philosophiques de son époque, y croyait rencontrer une démonstration irrécusable de l'origine astronomique , qu'il attribuait à toutes nos croyances, dans les premiers âges du monde. Une inscription grecque du temps de Trajan , que portait un de ces zodiaques placé dans un cercueil de momie, dissipa aux yeux de M. Letronne toutes les illusions dont la science s'était bercée. Il démontra l'origine récente de ces prétendus monuments de la haute science des siècles primitifs, et fit voir l'influence des idées helléniques là où l'on voulait trouver l'œuvre des premiers Égyptiens. Cette question des zodiaques a occupé une large place dans les travaux de notre illustre collaborateur. Il en poursuivit l'examen dans plusieurs mémoires, où il l'envisageait sous toutes ses faces; il en fit durant une année l'objet de son enseignement au collége de France. Ce n'était pas en Égypte, c'était en Chaldée qu'il allait chercher la première pensée d'une division dodécadaire du zodiaque, étrangère à la sphère primitive des Grecs. Ceux-ci avaient inventé les noms et les figures des constellations zodiacales. Les progrès de l'astronomie dans l'école d'Alexandrie , ceux surtout de l'astrologie , qui avaient révélé aux Égyptiens l'existence de quelques phénomènes célestes , en portèrent la connaissance dans les sanctuaires de Thèbes , de Memphis, d'Esneh, d'Ombos et de Denderah. Puis, se répandant avec les découvertes de la science sidérale, dont les mathématiciens et les observateurs grecs avaient posé les véritables principes , le zodiaque passa dans l'Inde , dans la Perse et jusque dans la Chine. Ainsi, M. Letronne rendait à la Grèce l'une de ses plus belles gloires , celle d'avoir révélé les premiers principes de cet art rigoureux , de cette méthode raisonnée qui tire la connaissance des phénomènes astronomiques de l'étude patiente et attentive des apparences célestes et des positions relatives que prennent entre elles les constellations. Ailleurs, l'illustre antiquaire ne rencontrait que des spéculations qui n'observent les faits que pour les associer à des croyances chimériques, et subordonnent la science à des théories, à des systèmes théologiques. M. Letronne avait saisi, en effet , le véritable caractère de l'esprit hellénique , qui est, à proprement parler , l'ancêtre en ligne directe de l'esprit scientifique moderne. Il avait compris que la méthode qui le fit aller si loin dans la connaissance de la vérité , avait été inconnue à l'imagination déréglée des Orientaux. L'analyse, voilà ce qui fit des Grecs le peuple le plus étonnant, le plus réellement savant dans l'antiquité. La synthèse, c'est ce qui empêcha les Asiatiques de s'élever au-dessus d'une pratique routinière dépourvue de méthode, au-dessus des sciences théosophiques qui enchaînent l'esprit humain à des conceptions arbitraires.

L'admirable découverte de Champollion imprima le caractère de la certitude aux idées que notre illustre collaborateur avait émises , sur l'origine récente des zodiaques. Le génie de l'égyptologue venait ainsi en aide à celui de l'helléniste. Le premier rendit sensible aux yeux ce que le second avait démontré à la raison. Champollion et M. Letronne , ces noms résument à eux deux toute l'archéologie égyptienne. L'un, par la patience de ses investigations, par la pénétration de son intelligence, par la persévérance de ses efforts, dévoilait le mystère de ces écritures hiéroglyphiques dont la terre de Misraïm semblait avoir emporté le secret ; l'autre, par la puissance de sa logique, par la vigueur de ses déductions, par la subtilité de ses explications, tirait du témoignage des Grecs plus qu'ils ne semblaient avoir eux-mêmes entrevu. Champollion découvrait le sens d'une langue inconnue, et, par l'interprétation des symboles et des figures, nous disait ce que fut la société pharaonique. M. Letronne faisait

voir tout ce qu'on pouvait encore apprendre sur l'époque ptolémaïque, par l'étude de textes déjà connus, interprétés, et semblait emprunter ses matériaux à une langue incomprise avant lui, tant il y
avait de nouveauté dans ses explications. Ces deux grands esprits
étaient faits pour s'apprécier, s'estimer mutuellement. Rapprochés
par le but commun de leurs efforts, ils se demandaient l'un l'autre
la confirmation de leurs idées. L'un, en commentant un passage de
saint Clément d'Alexandrie, répondait à une objection qu'on élevait
contre le caractère que l'autre assignait à l'écriture hiéroglyphique,
et celui-ci lisait dans les cartouches ce que celui-là concluait des inscriptions grecques. Admirable accord, qui a fait la gloire de tous
deux, et dont l'image se trouve dans cette pierre fameuse de Rosette,
dont le texte bilingue recevait des efforts de l'un et de l'autre, des
lumières qui ont illuminé toute l'Égypte, d'Alexandrie aux Cataractes,
des Pyramides aux Spéos d'Ibrim et d'Ibsamboul.

Plus heureux que Champollion, M. Letronne, né avant lui, a
compté des jours plus remplis. Il lui a été donné de recueillir tout
l'honneur de ses découvertes, et de poursuivre, après la mort de son
jeune émule, la démonstration des idées pour lesquelles il lui était
tant redevable. Quand la maladie l'enleva à son tour, du sein d'une
Académie dont il faisait l'ornement, il allait y lire un dernier mémoire
où ses idées sur les zodiaques et le calendrier se fortifiaient de tous
les témoignages que l'antiquité nous a laissés.

M. Letronne trouva d'éminents, d'illustres contradicteurs. Dans
cette lutte, à laquelle assistèrent plus d'une fois deux classes de
l'Institut, on vit tout ce que son savoir, sa sagacité pouvaient déployer de ressources pour combattre, par la seule puissance des textes
et du sens commun, des idées qui appelaient à leur secours la précision du calcul et la connaissance pratique de l'astronomie. Quelques
points sont encore restés en litige, et son célèbre adversaire a, parfois,
maintenu avec avantage les faits qu'il exposait avec clarté et qu'il dé-
fendait avec éloquence. Mais l'habile dialectique de M. Letronne, alors
même qu'elle le rendait trop absolu, le précautionnait toujours contre
les illusions des théories, et si son savoir n'entraînait pas sans cesse
la conviction, il éclairait du moins par ses aperçus et charmait par
sa souplesse et sa facilité. Il n'y a que les grands esprits qui rencon-
trent de pareils adversaires; il n'y a que les intelligences d'élite
qui sachent ainsi provoquer l'admiration, alors même qu'elles ne
triomphent pas toujours.

Durant vingt années l'Égypte fut l'objet constant des travaux de l'illustre archéologue. Toutes les questions importantes que soulevait son histoire, étaient examinées, éclaircies par lui. Dans son mémoire sur le tombeau d'Osymandyas, il apprenait aux érudits à se défier des témoignages que rien ne confirme et ne corrobore. Il les mettait en garde contre les assertions de Diodore de Sicile, dupe des récits exagérés que lui faisaient les prêtres égyptiens, et renchérissant sur les merveilles dont ses yeux avaient été frappés sur les bords du Nil. Il effaçait de la liste des monuments réels ce tombeau dont l'historien grec nous a laissé la description pompeuse, assuré qu'il en resterait assez sur cette terre d'Égypte pour mériter l'admiration de ses contemporains. Dans ses *Matériaux pour servir à l'histoire du christianisme en Egypte, en Nubie et en Abyssinie*, il tirait d'une inscription grecque une heureuse explication d'un passage mal compris de Priscus, et retrouvait les preuves de l'existence vivace du culte égyptien, bien après que Théodose en eût proscrit l'exercice. Dans l'explication d'un papyrus grec du règne d'Évergète II, contenant l'annonce d'une récompense promise à celui qui ramènerait un esclave échappé, il nous faisait pénétrer dans la société privée des Égyptiens, il nous retraçait les scènes de la vie commune en Égypte, et, rapprochant notre époque de cet âge que tant de siècles en séparent, il peignait avec un rare esprit ces petits traits de l'existence populaire qui se retrouvent les mêmes dans tous les âges. L'examen d'inscriptions grecques découvertes à Philes, le mettait sur la trace d'un mode particulier de compter les années au temps d'Auguste, et un seul mot, un texte d'un mot unique, αὐτοκρατόρων, lui donnait la date de la construction d'un temple. Mais le mémoire qui surpassa tous les autres et qui fut comme le chef-d'œuvre de M. Letronne, c'est sa *Dissertation sur la statue vocale de Memnon*. Ce modèle des mémoires d'érudition, ce type de la bonne critique demeurera certainement l'un de ses plus beaux titres dans l'esprit des générations savantes. Discutant les faits relatifs à cette statue, il en fait sortir une théorie qui embrasse et explique tous les détails de ce curieux problème, dont la solution, inconnue aux anciens mêmes, était à peu près désespérée des modernes. Les textes épigraphiques sont ensuite examinés, éclaircis par lui en philologue consommé, et dans les inscriptions incomprises ou défigurées qui couvrent les jambes et le socle du colosse, il retrouve la confirmation de sa théorie.

Tant de travaux semblent avoir dû absorber tous les moments de M. Letronne. Eh bien, ils lui laissent au contraire de nombreux loisirs qu'il consacre à l'étude d'autres questions non moins intéressantes et qui rentraient également dans le domaine de l'antiquité. Nous ne pouvons citer une foule d'articles, de recensions qui trouvèrent leur place dans le *Journal des Savants*, les *Annales de l'Institut archéologique de Rome*, nous ne nous arrêterons qu'à ceux qui, par leur importance, ont fait faire un pas notable à la science.

Gail avait donné une édition des petits géographes grecs ; M. Letronne voulut compléter l'œuvre de son maître, en publiant les *Fragments des poëmes de Scymnus de Chio et du faux Dicéarque*, qui lui servent de suite et de supplément. Un travail de ce genre ne pouvait être tenté par l'illustre académicien sans profit pour l'histoire et la philologie. Le livre laisse peut-être à désirer à l'égard de certains détails, mais on sera heureux d'y rencontrer, au milieu d'une foule de faits éclairés par une inépuisable érudition, deux pièces inédites des plus curieuses, qui n'avaient point encore été mises au jour. M. Letronne n'avait pas d'ailleurs la prétention de donner une édition parfaite ; suivant ses propres expressions, il visait seulement à en présenter une meilleure. Ce retour vers les recherches de sa jeunesse fut le dernier que fit notre collaborateur. L'archéologie éveillait davantage sa sagacité.

L'étude des vases peints avait attiré l'attention des antiquaires sur ces nombreux monuments, dont l'intérêt, sous le rapport de l'art et de la mythologie, le dispute à l'élégance et au fini du travail. Frappé de leurs formes si variées, on avait cherché à les classer et à retrouver dans la langue grecque, les noms par lesquels chaque forme était caractérisée. Deux savants allemands, MM. Panofka et Gerhard, proposèrent successivement des nomenclatures. M. Letronne, toujours attentif à ne point laisser s'introduire dans la science des idées qui ne fussent point suffisamment justifiées, soumit ces nomenclatures à un examen sévère, il discuta la valeur de chaque mot, il en montra le sens précis ou générique, et établit combien les témoignages sur lesquels les deux archéologues d'au delà du Rhin s'étaient appuyés, laissaient encore de vague et d'incertitude.

La question de la peinture antique avait été de la part d'un de ses savants collègues, l'objet de recherches intéressantes où la riche érudition de celui-ci avait réuni des témoignages nouveaux à l'aide desquels il combattait les idées d'un habile artiste. M. Letronne crut s'apercevoir que le sens de l'architecte avait été plus sûr que l'érudition de l'antiquaire, et il prêta au premier l'appui de sa critique. Dans ses *Lettres sur la peinture historique murale dans la décoration des temples et des autres édifices publics ou particuliers*, il fit preuve de connaissances positives sur les arts plastiques, connaissances qu'il n'avait point encore eu occasion de produire, et l'ancien élève de David se retrouva en lui en même temps que le philologue profond qui enrichissait le vocabulaire grec d'une foule de mots mal interprétés.

Dans ses recherches sur le personnage d'Atlas et sur les opinions cosmologiques des Pères de l'Église, M. Letronne présentait une appréciation exacte et savante des connaissances des anciens sur la cosmologie, et il fournissait des données judicieuses sur la méthode à suivre dans l'étude de la mythologie. Ses considérations sur l'étude des noms propres grecs auxquelles l'avait conduit la méditation des écrits de Lobeck et de Pape, lui suggerèrent des aperçus lumineux sur la philologie, sur le génie de la composition des mots dans la langue hellénique, aperçus qui devenaient à leur tour des sources fécondes de rapprochements intéressants propres à faire connaître le véritable esprit des anciens.

M. Letronne sortit une fois du cercle ordinaire de ses travaux; il voulut faire voir ce que peut la méthode appliquée avec bon sens et sagacité, dans les mains de celui-là même qui était primitivement étranger au sujet qu'il traite. Une question au fond d'une médiocre importance, mais qui passionnait vivement les membres de l'Académie, lui en donna l'occasion. Un cœur avait été trouvé à la Sainte-Chapelle; quelques-uns avançaient que c'était celui du fondateur de cette collégiale, de saint Louis. Notre collaborateur, que sa position officielle de garde général des Archives avait conduit à l'examen de cette question, se prononça pour la négative. La controverse qu'il soutint alors s'éleva, par l'art infini qu'il y apporta, la sagacité dont il fit preuve, à la hauteur d'une discussion de la plus réelle importance. Pénétrant dans l'examen de témoignages qui n'avaient jusqu'alors aucunement attiré son attention, il composa sur ce sujet un mémoire où l'on ne sait s'il faut admirer plutôt l'étonnante souplesse d'un savoir qui se prête si vite à des études nouvelles, que la netteté de vue et la sûreté de coup d'œil qui font deviner le nœud, le point capital dans les questions qui sont le moins familières.

Dans des discussions que M. Letronne avait soutenues précédemment à l'Académie, sur le revêtement des pyramides, sur la croix ansée, et dont il a consigné les résultats dans des dissertations, il avait déjà montré, bien qu'à un degré plus faible et sans doute avec moins de bonheur, cette habileté de polémique qui le faisait si fortement redouter pour adversaire.

Parlerons-nous des articles nombreux que les lecteurs ont pu lire dans ce recueil, et qu'ils ont encore tous présents à la mémoire? L'éditeur de la *Revue* a voulu les réunir comme un dernier hommage de sa reconnaissance. Dans ces articles sont consignées quelques-unes des plus importantes découvertes de l'illustre archéologue, notamment celle de l'aqueduc de Beyrout, et plusieurs de ces critiques si vives, si savantes, si pleines de verve et d'entrain dont il poursuivait les idées fausses, les systèmes malencontreux, les hypothèses fondées sur la confusion des époques et l'inintelligence des textes, critiques dans lesquelles il excellait. C'est à la *Revue* que M. Letronne a donné ses derniers travaux ; c'est elle qu'il choisissait encore pour tribune quand sa voix savante allait bientôt s'éteindre. Peu de jours avant sa mort, il corrigeait l'épreuve de l'article qu'on a lu dans le numéro de décembre. C'est un honneur que ce recueil paye trop cher pour qu'il puisse en mentionner ici sa satisfaction.

M. Letronne voulut réunir en un seul corps d'ouvrage tous les travaux détachés qu'il avait fait paraître sur l'Égypte. Il eut la pensée d'en composer comme un monument à la mémoire de la contrée dont il avait si longtemps étudié l'histoire et les institutions. En réalisant ce projet, il apportait à ses œuvres un mérite dont elles semblaient dépourvues, l'unité, ou plutôt il mettait dans une évidence en quelque sorte matérielle, le lien secret qui unissait toutes ces dissertations dispersées dans vingt recueils différents. Cette vaste collection eut formé les véritables pièces justificatives du beau mémoire qu'il lut, il y a quelques années à l'Institut, sur la civilisation égyptienne depuis l'établissement des Grecs sous Psammitichus jusqu'à la conquête d'Alexandre. Déjà il avait fait paraître deux volumes in-4°. Hélas ! il n'a pu terminer son œuvre.

Infelix operis summa.

Mais ici la faute n'en est point à l'homme, elle en est à la destinée. M. Letronne avait préparé tous les matériaux qui devaient entrer dans son dernier volume. Il avait réuni, collationné le texte du recueil de papyrus grecs trouvés en Égypte, qui en eût été le complément naturel, et qui eût enrichi les lettres antiques de tant de morceaux inédits, précieux pour la langue, précieux pour l'histoire. Ces pages détachées des Annales ptolémaïques, notre illustre collaborateur les rassemblait une à une ; il s'apprêtait à déchirer le voile qui en dérobait le sens à nos yeux inhabiles. Il exhumait l'Égypte de ce savant linceul où elle avait enveloppé sa dépouille. Cette grande œuvre, cette tentative prodigieuse du savoir humain arrachant à force de sagacité à l'Égypte, ses secrets, par la seule lecture de quelques fragments déchirés, il ne lui a pas été donné de l'accomplir. Il comptait sur les longues années que lui promettait sa santé florissante, et son heure a sonné avant même qu'il ait songé qu'il allait vieillir.

M. Letronne a voué sa vie à la science; c'est à elle à lui rendre le tribut funèbre. C'est à elle d'inscrire dans le livre des vivants le souvenir des qualités brillantes qui excitaient l'admiration de tous ceux qui l'ont connu. Le mérite a des envieux, la critique, même quand elle s'exerce à deux mille ans de date, excite des jalousies, des rancunes, et froisse des amours-propres. Plus d'un savant estimable s'est vu blessé par le caractère absolu et inexorable de cette critique persévérante et active. Mais qu'on cesse de reprocher à notre collaborateur ce qui fit précisément le plus grand de tous ses mérites, ce qui nous a valu ses chefs-d'œuvre. Les noms s'oublient, la méthode reste et l'érudition recueille le fruit des combats où tant de susceptibilités reçurent de dangereuses atteintes. Impitoyable pour les erreurs des autres, M. Letronne l'était aussi pour lui-même. Avant de les produire au grand jour, il soumettait ses idées à cette discussion pressante qu'il appliquait ensuite aux œuvres d'autrui. Il laissait mûrir ses pensées et attendait pour les communiquer, qu'elles eussent subi l'épreuve du temps. Voilà pourquoi sa conviction était si forte, pourquoi les ménagements, les réticences lui étaient inconnus; il ne savait pas être pour les autres moins sévère qu'il ne l'était pour lui-même.

M. Letronne appartenait à cette grande école de l'érudition française dont Foncemagne, l'abbé Belley, Lancelot, Danville, Dansse de Villoison, Dupuy, Fréret ont été de si glorieux représentants. Il rappelait surtout ce dernier par la netteté de ses vues et l'art d'employer les textes, par la sûreté de son jugement, comme aussi par le caractère absolu de ses idées. Son style à la fois clair et concis, simple mais vif, sa diction spirituelle et coupée en ont fait un véritable écrivain. Profondément original dans sa manière, il devait cette originalité à son éducation. Il s'était fait lui-même, et confiant dans sa propre force, il n'empruntait aux autres rien qui pût altérer l'individualité de ses vues.

Il y a eu de nos jours des archéologues qui ont possédé un sentiment plus profond de l'art que lui, qui ont eu une connaissance plus pratique et plus familière des monuments figurés, mais il ne s'en est trouvé aucun qui ait réuni une intelligence aussi complète de l'antiquité à une telle variété de connaissances et à une sagacité si heureuse et si créatrice.

M. Letronne a reçu toutes les récompenses qui étaient dues à son savoir. D'abord inspecteur général de l'Université, il devint ensuite conservateur du Cabinet des Antiques à la Bibliothèque Nationale et directeur de cet établissement. Il eut deux fois l'honneur de succéder à Daunou, d'abord comme professeur d'histoire au collège de France, puis comme garde général des Archives. Il fut créé successivement chevalier, officier et commandeur de la Légion-d'honneur; presque toutes les académies de l'Europe l'admirent dans leur sein, les souverains lui ont accordé des distinctions, et les savants les plus illustres, Bœckh et Humboldt, se sont honorés de son amitié. Ces honneurs ont pu flatter son amour-propre, mais ils ne lui ont jamais persuadé qu'il eût fait assez pour la science. Il préparait une multitude de travaux importants quand un mal rapide dans sa marche l'a précipité dans la tombe. Malgré ce que nous pouvions encore attendre de lui, l'héritage scientifique qu'il laisse est assez riche, assez précieux, pour que la France doive l'inscrire parmi ceux qui contribuèrent à la maintenir au premier rang des nations savantes.

ALFRED MAURY.

NOTICE

SUR

M. LETRONNE.

La mort seule fixe et consacre définitivement le mérite des hommes. Les éloges, comme les critiques, manquent ordinairement de mesure quand ils s'adressent à un personnage vivant ; mais quand nous parlons de ceux qui ne peuvent plus nous entendre, nous ne songeons ni à flatter ni à médire, et nous ne sommes plus exposés à commettre que des erreurs involontaires. J'y échapperai peut-être moins qu'un autre en parlant d'un homme éminent avec qui j'ai eu le bonheur d'entretenir, pendant plusieurs années, des relations que sa bienveillance me rendait chaque jour plus douces et plus précieuses. Mais placé comme je l'étais sous sa direction, j'ai connu ce qu'il a entrepris, exécuté ou projeté dans l'intérêt des Archives Nationales, et je craindrais que l'éclat de la vie scientifique de M. Letronne n'éclipsât le mérite plus modeste de son administration active et intelligente, si un de ceux qui en furent témoins ne venait rappeler en peu de mots ce que lui doit un établissement auquel il a consacré les dernières années de son existence.

Successeur de M. Daunou et plein de respect pour sa mémoire, M. Letronne n'a pourtant pas cherché à en devenir l'imitateur. Il y avait entre ces deux hommes des différences trop profondes pour que leur manière pût jamais être la même. M. Daunou méditait en silence et mûrissait par de longues réflexions les mesures qu'il se proposait d'appliquer. Habitué à une vie solitaire, détaché du monde, qui heurtait ses goûts, il aurait trouvé rarement et ne recherchait pas d'ailleurs l'occasion de communiquer ses pensées et de les soumettre à une discussion. Lui seul en pesait les inconvénients et les avantages, examinait une question sous toutes ses faces, soulevait les objections avec une rare intelligence et une inflexible sévérité. Comptant peu sur les chances favorables de l'avenir, se défiant de lui-même, il prévoyait toujours beaucoup d'obstacles, hésitait longtemps avant de les aborder, et ne redoutait rien tant qu'une fausse démarche; car il ne sut jamais reculer. Mais quand ces débats intérieurs étaient terminés, quand sa raison difficile était satisfaite, sa décision, une fois prise, devait être acceptée comme un arrêt sans appel. Plus il l'avait examinée, discutée, critiquée dans son for intérieur, moins il comprenait qu'on en méconnût les avantages : c'était pour lui une cause définitivement jugée. Rendu, en 1830, à l'administration des Archives qu'il avait organisées et dirigées sous l'empire, M. Daunou s'appliqua surtout à entretenir dans ce vaste établissement un travail assidu, une méthode rigoureuse, une économie sévère. Les exemples de l'homme privé donnaient une grande autorité aux principes de l'administrateur ; car il pratiquait plus lui-même qu'il ne demandait aux autres. Par cette vertu efficace de l'exemple, unie à une longue expérience, à une vaste et profonde instruction, M. Daunou fit beaucoup pour les Archives tout en se bornant à consolider l'édifice qu'il avait construit; et l'on peut dire que cet homme vénérable fut regretté à sa mort comme ayant réuni tout ce qui constitue un archiviste parfait.

A Dieu ne plaise que je vienne aujourd'hui rien retrancher à la haute estime qu'il a si justement conquise, et affaiblir dans les autres la respectueuse admiration dont je demeurerai toujours pénétré. Heureux de pouvoir honorer à la fois la mémoire de deux hommes éminents, je ne veux pas élever l'un aux dépens de l'autre ; mais, en montrant la différence de leur caractère, faire mieux comprendre les services divers qu'ils ont rendus.

Autant M. Daunou était concentré en lui-même, autant M. Letronne aimait à se répandre au dehors. Il savait allier le goût du monde et de ses distractions avec les travaux d'érudition, qui, après avoir fait le charme de sa vie, illustreront à jamais sa mémoire. On ne s'expliquerait même pas qu'il pût trouver le temps de paraître dans les salons, où l'amabilité de son esprit le faisait rechercher, et de poursuivre tant d'études sérieuses, si l'on ne savait que par un rare privilége il transportait partout son travail pour le continuer au milieu du bruit des conversations, qu'il savait l'interrompre vingt fois par jour et le reprendre comme s'il ne l'avait pas quitté ; que, rentré chez lui, il pouvait goûter avec délices l'exécution d'un morceau de musique, sans interrompre la marche de sa dialectique puissante. Je me rappelle lui avoir entendu dire que le piano de sa fille l'aidait à faire ses mémoires. Il semble en effet que rien ne gênât cette organisation merveilleuse, ni les visites, ni les jeux de ses jeunes enfants, ni les caresses de son chien favori; il s'occupait de tout, et ses travaux n'en souffraient pas.

Il est certain, au reste, que cette mobilité extraordinaire n'était pas seulement une faculté, mais aussi un besoin véritable. M. Letronne aurait probablement souffert s'il eût été obligé de continuer pendant toute une journée un travail solitaire. Il aimait le mouvement et la distraction. Son imagination toujours active se portait sur mille objets divers; prompt à concevoir une pensée, également empressé de la produire, il n'évitait pas, il provoquait plutôt la discussion de ses projets. Il saisissait avec facilité les objections, les accueillait avec plaisir, et n'hésitait jamais à en profiter. On peut dire qu'il n'avait pas de parti pris, et que personne n'était plus empressé que lui de se rendre à une bonne raison. Mais quand on n'avait à lui objecter que des inconvénients éventuels, des chances douteuses, il était peu disposé à s'en préoccuper. M. Letronne avait confiance dans l'avenir, dans son étoile, dans les ressources de son esprit. Arrivé en face d'un de ces obstacles qu'il n'avait pas voulu prévoir, il trouvait toujours quelque moyen de le surmonter, et la fertilité de son imagination ne lui faisait pas défaut.

Son esprit actif et entreprenant rencontra plus d'une occasion de s'exercer dans l'administration ordinairement si paisible des Archives Nationales. Le calme des dernières années de M. Daunou avait été péniblement troublé par les grands travaux de constructions qui furent entrepris malgré lui et contrairement aux plans qu'il avait indiqués. Cette mesure l'avait trop péniblement froissé pour qu'il songeât un seul instant, pendant le cours des travaux, à intervenir dans les détails d'une affaire où, dès l'origine, son autorité avait été méconnue. Le grand âge de M. Daunou s'opposait d'ailleurs à ce qu'il pût exercer à cet égard une surveillance efficace. M. Letronne, qui n'avait pas les mêmes raisons de s'abstenir, mit autant d'activité que de persévérance à faire écouter ses avis dans tout ce qui n'était pas définitivement accompli. Il a contribué ainsi à faire modifier quelques constructions encore inachevées, et surtout à faire adopter le plan le plus convenable pour la disposition intérieure des dépôts. Ceux qui s'intéressent aux Archives Nationales se féliciteront toujours que le garde général et l'architecte aient pu discuter leurs plans respectifs et se mettre d'accord avant d'en venir à l'exécution.

Il est résulté de ce concert des améliorations considérables, dont l'utilité ne cessera de se faire sentir, et qui suffiraient seules pour rappeler de la manière la plus avantageuse l'administration de M. Letronne. Pour bien apprécier toute l'importance des résultats obtenus par cette surveillance intelligente, il faut savoir qu'il n'a pas cessé de l'exercer pendant les huit années qu'a duré sa direction. Le jour même où l'atteignit cette maladie qui devait être mortelle, on l'avait vu se rendre dans une salle destinée à l'exposition des empreintes de sceaux que l'on recueille aux Archives depuis plusieurs années. Il attachait une grande importance à la création de ce musée sigillographique; il espérait y réunir pour les savants et les artistes une riche collection de monuments où l'on pourrait étudier mille détails de mœurs, d'habillements et d'architecture, observer les phases diverses de l'art au moyen âge, et communiquer aux appréciations délicates du goût l'exactitude de la science, en les appliquant à des types dont la date et l'origine sont déterminées d'une manière authentique.

C'est dans la même salle que M. Letronne avait fait disposer en corps de bibliothèque quelques-unes des plus riches boiseries que renfermât l'hôtel Soubise. Il voulait y placer la double collection des ordonnances et des anciens comptes des rois de France. Il avait trouvé ces registres, ou plutôt ces cahiers, dans un état de délabrement qui en compromettait la conservation. Les dépenses de la reliure devaient être considérables, et le budget des Archives n'y pouvant suffire, M. Letronne sollicita et obtint les fonds nécessaires pour sauver à jamais ces documents précieux. Il ne mit pas moins de zèle à enrichir la bibliothèque des Archives, qui, depuis sa création, était demeurée dans un état presque stationnaire. Elle s'est accrue sous son administration d'un nombre considérable d'excellents ouvrages, et si le budget des Archives conserve la modeste allocation qu'on avait accordée à ses pressantes instances, on continuera à ressentir sur ce point l'heureuse influence de son administration éclairée.

Si je ne craignais pas de descendre à des détails qui ne peuvent guère intéresser que des archivistes, je parlerais de l'attention qu'il apportait à user de tous les moyens possibles pour mieux assurer la conservation des papiers. Il faut pourtant louer M. Letronne d'avoir compris que de tels soins, en apparence bien minutieux, méritaient de fixer toute son attention, et qu'en s'y appliquant avec intérêt il produirait nécessairement des améliorations considérables. Je ne veux pas oublier de dire qu'il a préservé de la destruction et fait restaurer plusieurs peintures remarquables, exécutées au commencement du siècle dernier pour l'ornement de l'hôtel Soubise. Au milieu de tous ces détails il a dû pourvoir à la translation et à l'emménagement de plusieurs corps d'archives, notamment de la section judiciaire, qui comprenait plus de soixante mille cartons, registres ou liasses. Cette opération difficile avait été hâtée, prévue et combinée par lui. Mais à la suite de la révolution de février de nombreux documents durent être dirigés presqu'à l'improviste sur les Archives Nationales. Rien n'était disposé pour les recevoir : M. Letronne sut tout disposer avec autant de présence d'esprit que d'habileté. On se figurerait difficilement tout ce qu'il y avait d'éminemment pratique dans cette intelligence élevée, et comment il savait appliquer à son administration la sagacité et la rectitude qui caractérisent ses travaux scientifiques.

C'est à l'improviste aussi qu'il a dû pourvoir à l'établissement de l'École des Chartes. Il semblait né pour résoudre les difficultés subites : toutes les dispositions furent prises et si bien concertées qu'on ne voit pas en quoi une plus longue réflexion aurait pu les améliorer. L'ancienne porte de l'hôtel Clisson, longtemps masquée par une maçonnerie qui n'en laissait pas soupçonner l'existence, fut destinée par lui à servir d'entrée aux jeunes élèves qui suivent cet enseignement. M. Letronne aimait à penser que, pour arriver à une école consacrée à l'étude du moyen âge, on admirerait en passant ce vieux reste d'architecture civile, habilement restauré par les soins de M. Lelong.

Avant d'accorder si généreusement à l'École des Chartes un local approprié aux développements qu'elle venait de prendre, M. Letronne ne s'était pas montré moins libéral envers le public studieux qui fréquente les Archives. Les lecteurs, jusqu'alors dispersés et mal installés dans les bureaux, furent réunis dans une salle vaste et bien éclairée, où ils se livrent commodément à leurs recherches. La création de cette salle de travail eut le double avantage de rendre les Archives plus accessibles et d'assurer la surveillance en la simplifiant.

C'est ainsi que tout en recueillant le fruit des excellentes traditions établies par son vénérable prédécesseur, il n'a cessé de porter son activité sur d'autres parties du service qu'il a organisées ou notamment améliorées. Quand on songe à la courte durée de son administration, qui semblait devoir se prolonger encore pendant bien des années, il est impossible de ne pas reconnaître que M. Letronne a bien mérité des Archives Nationales. Mais cette heureuse influence ne doit pas être attribuée seulement à son infatigable activité et à la rectitude de son esprit; il faut tenir aussi un grand compte de ces manières affables et faciles par lesquelles il s'attachait promptement tous ses subordonnés, et gagnait à la fois leur affection et leur concours. Il ne cherchait pas à commander le respect, auquel son âge et sa position lui donnaient des droits qui jamais ne furent méconnus; il préférait se faire aimer de tous ceux qui l'entouraient, et compter sur leur dévouement sans avoir à exiger leur obéissance.

Son administration fut donc toute paternelle et pour mieux dire tout amicale; ai-je besoin de dire que sa mort imprévue excita d'unanimes et sincères regrets parmi ceux qu'il avait habitués à de si douces relations? Partout on admirait l'esprit éminent de M. Letronne, mais nous avions eu le rare privilége de le voir chaque jour, de participer en quelque sorte à sa vie intérieure. Nous avions connu les plus douces affections de son cœur, les joies et l'orgueil de sa vieille mère, de ses jeunes enfants; mieux que d'autres, nous devions comprendre leur deuil et nous associer à des gémissements qui ne pouvaient percer l'enceinte de la maison mortuaire sans retentir à nos oreilles.

Après avoir rendu les derniers devoirs à ce chef regretté, nous voulions demander que son image du moins restât au milieu de nous, et trouvât une place honorable au sein d'un établissement qu'il avait animé de sa présence, accru et embelli par ses soins. M. Dufaure avait deviné et prévenu nos vœux, en chargeant un sculpteur habile de faire revivre les traits de cet homme éminent. Le buste de M. Letronne sera conservé religieusement aux Archives Nationales, comme celui de son vénérable prédécesseur; il serait peut-être l'ornement le plus convenable de ce musée dont il hâtait la création, qui reçut sa dernière visite, et dont l'inauguration serait dignement consacrée par son souvenir et son image.

NATALIS DE WAILLY,
Chef de section aux Archives Nationales.

DISCOURS

PRONONCÉ

AUX FUNÉRAILLES DE M. LETRONNE,

PAR M. BURNOUF.

M. Burnouf, président de l'Académie des Inscriptions et Belles-Lettres, au nom de cette classe de l'Institut, prononce le discours suivant :

Messieurs,

Le coup terrible qui vient de frapper notre Académie et l'Institut a été si soudain, que celui auquel vous imposez le triste devoir de vous entretenir de cette grande perte hésite à en sonder la profondeur. Comment croire que M. Letronne ne paraîtra plus dans ces réunions qu'animait la vivacité de son esprit? Comment se dire, sans d'amers regrets, que cette lumière a cessé de briller au milieu de nous? lui que nous voyions, il y a quelques jours encore, confiant dans cette vigueur qui ne lui avait jamais fait défaut, nous promettre l'achèvement de ces belles entreprises auxquelles il consacrait d'avance les années qu'il avait le droit d'attendre de l'avenir! Ses espérances et les nôtres, celles de sa jeune famille qu'il chérissait autant qu'elle était fière de lui, tout cela s'est évanoui en quelques jours, et nous soupçonnions à peine la perte dont nous étions menacés, que déjà nous apprenions qu'elle était irréparable !

L'homme illustre que nous pleurons n'avait pas encore achevé sa soixante-deuxième année, et rien n'annonçait qu'il dût nous être sitôt ravi. C'était toujours cette même jeunesse de visage que, par un heureux privilége, il avait gardée au delà de l'âge mûr; c'était surtout cette activité d'intelligence, cette netteté de jugement qui formaient un des traits caractéristiques de ce talent original. Ceux qui l'avaient vu entrer, en 1816, à l'Académie, ayant à peine vingt-neuf ans, comme ceux qui avaient obtenu après lui l'honneur de devenir ses confrères, s'étonnaient également qu'il conservât aussi entiers les dons d'une jeunesse inaltérable, et la vigueur d'un talent qui ne vieillissait pas. Au milieu des devoirs de tout genre que lui imposait sa haute position scientifique, il poursuivait, avec une surprenante liberté d'esprit, ses études favorites, et le même homme qui suffisait à la direction de plusieurs grands établissements littéraires ne cessait d'enrichir la collection de l'Académie et celle du *Journal des Savants* des fruits de son labeur infatigable.

Depuis quelques années surtout, M. Letronne, toujours maître de lui, soumettait avec une rigueur de jour en jour plus sévère, ses nombreux travaux d'érudition à la loi de l'unité scientifique. L'examen critique des monuments de l'Égypte sous les Ptolémées était devenu son occupation principale, celle vers laquelle il dirigeait avec fermeté toutes les forces de sa puissante intelligence. Sa plume était toujours aussi féconde, son savoir aussi abondant, sa critique aussi sûre, sa sagacité aussi pénétrante, sa dialectique aussi invincible ; mais ces facultés heureuses s'étaient toutes concentrées sur un sujet unique, sur une mémorable époque des annales de la plus célèbre nation de l'ancien monde.

Eh ! qui ne se souvient, Messieurs, par quel travail patient, par quels efforts énergiques, et aussi par quelle merveilleuse facilité d'esprit, M. Letronne était arrivé à ouvrir à son talent ce vaste théâtre ? Qui ne se rappelle ces premières inscriptions grecques, si ingénieusement déchiffrées, restituées, traduites, et appliquées avec une critique si infaillible à l'éclaircissement de l'histoire politique et morale de l'Égypte ? Qui n'a vu avec admiration ces fragments épars se grouper dans le volume déjà ancien des *Recherches pour servir à l'histoire de l'Égypte sous les Grecs et les Romains*, éclairer comme en passant un des plus curieux restes de l'antiquité, la *statue vocale de Memnon*, et former, dans les deux volumes du *Recueil des inscriptions grecques et latines de l'Égypte*, l'un des plus beaux monuments que l'érudition française ait jamais offerts à l'admiration de l'Europe savante ?

De plus habiles, Messieurs, loueront comme il convient ces grands travaux. Ils vous montreront M. Letronne commençant ses études de géographie au milieu des difficultés d'une existence très-modeste, étonnant par ses premiers essais les Mentelle, les Gosselin, les Walckenaër, recommençant lui-même ses études classiques, dont il avait su n'être pas satisfait, apprenant le grec sous Gail, surpassant tous ses maîtres, et déposant dans la traduction française de Strabon les fruits déjà mûrs de ses jeunes études.

Sera-ce le louer que de dire qu'à partir de ce dernier travail, les regards du gouvernement ne cessèrent de le suivre, et que sa position s'agrandit chaque jour des gages qu'il donnait à la science, des ouvrages qu'il publiait, des découvertes qu'il accomplissait? Un des hommes qui commencèrent la fortune de M. Letronne, M. Royer-Collard, se félicitait sur la fin de sa vie d'avoir appelé au sein de l'Université un savant dont l'Europe répétait depuis longtemps le nom. Il avait signalé M. Letronne aux administrations qui devaient le suivre; aussi aucune n'a-t-elle voulu se priver du concours de cet homme actif et laborieux. Successivement ou simultanément inspecteur général de l'Université et des Écoles militaires, professeur au collége de France, conservateur et administrateur de la Bibliothèque Nationale; plus tard, garde général des Archives, administrateur du collége de France, directeur de l'École des Chartes, s'il dut donner à ses devoirs publics une bonne partie de son temps, jamais l'Académie des inscriptions ni le *Journal des Savants* ne remarquèrent son absence; il y était toujours présent par ses excellents mémoires, par ses articles ingénieux et solides.

Est-il besoin de vous rappeler encore, Messieurs, tout ce qu'il déployait de rares facultés dans ces travaux? Vous avez connu et admiré le savant : le public a lu et applaudi l'écrivain spirituel, le dialecticien inexorable, le courageux adversaire des faux systèmes, des conceptions vagues, des idées confuses. Ses amis, et combien n'en avait-il pas parmi vous! ont apprécié la facilité de son commerce, l'agrément de son esprit, la solidité de ses attachements, la probité de son caractère. Rien n'a donc manqué à M. Letronne, ni l'amour du travail qui donne un but à l'existence, ni le succès qui récompense le travail, ni l'admiration qui suit et consacre le succès, ni ces vertus plus modestes et non moins précieuses, qui rendent un homme cher aux siens et respectable aux autres. Et cependant, une perte cruelle l'avait averti déjà combien sont fragiles les choses de ce monde. Il y a peu d'années, il s'était vu enlever une épouse chérie, la digne et vertueuse mère de ses enfants. Cette perte l'avait profondément frappé; mais M. Letronne avait un esprit viril, et surtout une généreuse confiance dans sa force, qui, sans rien diminuer de sa vive douleur, lui donna l'énergie nécessaire pour n'y pas succomber. Il avait été si bon fils quand il soutenait sa mère du fruit de ses premiers travaux ; il se dit, avec la résolution qu'il portait en toutes choses, qu'il devait à ses enfants une sollicitude plus que paternelle. Mais il ne lui a pas été donné d'accomplir sa tâche jusqu'au bout ; il n'a pu voir cette jeune famille dont il était l'idole grandir sous sa tutelle, au milieu des respects et de la gloire qui entouraient sa vie. Qu'elle trouve donc dans ces respects mêmes quelque consolation à sa cruelle douleur ! Qu'elle s'efforce surtout de puiser dans le souvenir d'un tel père quelque chose de cette solidité d'esprit, de cette sûreté de jugement, de ce constant amour du travail, qui ont fait de **M.** Letronne un des hommes les plus éminents de notre époque !

DISCOURS

PRONONCÉ

AUX FUNÉRAILLES DE M. LETRONNE,

PAR M. QUATREMÈRE,

AU NOM DU COLLÉGE DE FRANCE.

Messieurs ,

Au milieu des événements prodigieux qui signalent notre époque , au milieu des convulsions qui agitent la société et l'ébranlent jusque dans ses fondements, il semble que la mort d'un savant, d'un homme de lettres, doit produire une faible sensation , doit, pour ainsi dire , passer inaperçue. Mais si cet homme a été distingué par des qualités éminentes, si des travaux nombreux et utiles ont marqué sa carrière, le monde lui-même , malgré son indifférence habituelle, unit ses regrets à ceux de la science , et reconnaît que cet événement a laissé dans les rangs de la société un vide qu'il sera peut-être difficile de combler. Et en effet, Messieurs, celui dont nous déplorons la perte réunissait en sa personne , au plus haut degré , les qualités estimables qui constituent le véritable savant. Une vaste érudition , un jugement sain, un esprit droit, un talent de discussion peu commun , une logique puissante , une sagacité admirable , qui tenait pour ainsi dire de la divination, et qui lui faisait saisir dans une question mille particularités qui auraient peut-être échappé à tout autre. On le voyait avec étonnement se jouer de difficultés en apparence insurmontables , restituer avec un rare bonheur des textes altérés par les copistes, remplir de la manière la plus probable les lacunes que présentaient les traits gravés sur les monuments. Dans des inscriptions composées d'un petit nombre de mots, et qu'on aurait été tenté de regarder comme complétement insignifiantes, il savait, par des combinaisons ingénieuses, faire jaillir de ces matériaux informes les faits les plus curieux , et y trouver la matière de découvertes historiques d'une véritable importance. On était quelquefois tenté de crier au paradoxe; mais on se trouvait subjugué par cette dialectique convaincante, et l'on restait persuadé que ces révélations si neuves devaient offrir l'expression de la vérité. Son esprit, à la fois flexible et lumineux, s'exerçait avec complaisance sur les sujets les plus variés, et partout où il portait ses profondes investigations, il déployait les mêmes qualités, les mêmes talents. L'étude qu'il avait faite des sciences mathématiques l'avait mis à même de discuter une foule de questions importantes qui sont du domaine de ces sciences, questions qui exigent une réunion de connaissances peu communes, et dont les gens de lettres, pour la plupart, n'auraient pu s'occuper avec le même succès. Les matières même qui semblaient les plus étrangères à ses travaux habituels, devenaient sous sa plume le sujet de discussions d'un haut intérêt, et dans lesquelles il portait souvent une lumière inattendue. On pouvait repousser quelques-unes de ses assertions ; mais ceux qui le combattaient étaient forcés de rendre une pleine justice à son vaste savoir, à sa puissante logique, et de convenir qu'ils avaient à lutter contre un noble et redoutable adversaire. On peut citer comme une polémique bien remarquable la discussion prolongée qui eut lieu, dans le sein de l'Académie et ailleurs, sur le cœur trouvé à la Sainte-Chapelle. Notre confrère, dans cette controverse, déploya au plus haut point les ressources d'une dialectique pressante, d'une érudition sage, d'une activité infatigable, et il sut conquérir l'admiration de ceux même qui étaient loin de partager ses convictions. M. Letronne, né sans fortune, avait, par ses travaux, acquis une honorable existence, atteint la plus haute position à laquelle peut aspirer la légitime ambition d'un homme de lettres. Une qualité dont on doit lui tenir compte, c'est qu'il savait, même dans les discussions les plus abstraites, présenter l'érudition sous une forme attrayante. En sorte que ses travaux les plus savants étaient lus et goûtés des hommes les plus étrangers à ces matières sérieuses. Je n'indiquerai point ici, Messieurs, les nombreux ouvrages ou opuscules qu'a produits la plume féconde de notre confrère Tous présentent, à différents degrés, les mêmes genres de mérite, les mêmes qualités ; depuis les premiers essais qui manifestèrent en lui l'aurore d'un beau talent, jusqu'à cette vaste composition qui a pour objet l'explication des inscriptions trouvées en Égypte et à laquelle la mort ne lui a pas permis de mettre la dernière main. C'était là l'ouvrage qu'il regardait, avec toute raison, comme son principal titre de gloire. Mais quel mot ai-je prononcé, Messieurs! J'ai parlé de la gloire dans cette enceinte funèbre, où la gloire humaine s'anéantit, où les rêves de l'ambition s'évanouissent comme une fumée légère, où les richesses et les grandeurs sont remplacées par un peu de cendre, où une voix inexorable fait retentir à nos esprits cette parole si éminemment vraie, mais si désolante pour l'orgueil de l'homme : *Tout n'est que vanité.* Espérons, toutefois, que le nom de notre confrère sera prononcé avec respect et reconnaissance partout où la science et l'érudition sont en honneur. Demandons surtout que son nom soit inscrit dans le livre des justes, et qu'il recueille dans une autre vie ces véritables biens sur lesquels la mort n'a plus aucune prise.

DISCOURS

PRONONCÉ

AUX FUNÉRAILLES DE M. LETRONNE,

PAR M. J. QUICHERAT,

RÉPÉTITEUR GÉNÉRAL A L'ÉCOLE DES CHARTES.

L'École des Chartes serait ingrate si elle ne venait aussi déposer son hommage sur le cercueil de M. Letronne. Elle ne saurait oublier le service éminent qu'il lui a rendu en consentant, lorsqu'elle se réorganisait entre tant d'obstacles, à accepter gratuitement la responsabilité de sa direction. Et ce n'est pas ce seul acte de désintéressement qui commande notre reconnaissance. Nous lui devons notre établissement tout entier. Après qu'il nous a eu donné un asile dans le palais de Clisson et des Guise, après qu'il a eu mis une sollicitude toute paternelle à embellir ce séjour d'une étude austère et recueillie, nous l'avons trouvé, dans l'exercice de son autorité, toujours bienveillant, toujours plein de paroles encourageantes, toujours prêt à faciliter toute chose, même en contribuant de ses propres deniers aux exigences d'un service trop parcimonieusement doté par l'État.

C'est que notre institution répondait à l'une des sympathies les plus marquées de sa nature, en même temps qu'à l'une des conceptions de son esprit. La critique, cette faculté si française, cette faculté que pendant trente ans il a fait briller avec tant d'éclat devant l'Europe attentive et ravie, il lui semblait qu'au lieu d'en abandonner la production au hasard des circonstances ou des penchants, il était possible de la prendre à son germe dans de jeunes intelligences, possible de la faire éclore par une culture particulière et assidue. Il voulait que par là on assurât le recrutement de cette armée d'explorateurs que notre pays, selon lui, devait avoir le privilége de fournir au reste du monde pour la recherche et la mise au jour de toute vérité recélée dans les textes. Il reconnut que l'École des Chartes répondait en partie à ce but, et malgré la différence de ses études favorites et des nôtres, il nous adopta; il nous fit venir à lui avec cet empressement juvénile qui est le signe et la preuve des actions spontanées. Il suivit curieusement nos premiers travaux, il espéra de les voir aboutir. L'une des dernières et des plus vives émotions de sa vie a été d'apprendre que son fils aîné venait d'être admis à l'École des Chartes.

Nous avons joui trop peu de l'honneur de l'avoir à notre tête. Nous aurions voulu que plusieurs générations de sujets distingués s'ajoutassent, comme un ornement de plus, à la couronne qu'il portait en ce monde. Puisqu'une mort prématurée nous le ravit, c'est à sa mémoire que nous ferons cette offrande, c'est sur sa tombe que nous apporterons les succès futurs de nos élèves.

DE L'IMPRIMERIE DE CRAPELET, RUE DE VAUGIRARD, 9.